AF479946

In My Heart Equatorial Guinea

Guinea Ecuatorial en mi corazón

Milondo Kabamba

Illustrated by / Ilustrado por Oksana Vynokurova

DEDICATION

Dedicated to my son, Okito, who loves art and books and often reminds me to listen to him when I become distracted. Keep on reading to educate yourself!

To all the children of the world, keep an open mind; to all the children of Equatorial Guinea, be proud of your heritage.

DEDICATORIA

Dedicado a mi hijo, Okito, al que le encantan los libros y el arte, y a menudo me recuerda que lo escuche cuando me distraigo. ¡Sigue leyendo para crecer como persona!

A todos los niños del mundo, mantengan una mente abierta. A todos los niños de Guinea Ecuatorial, estén orgullosos de sus raíces.

Hello!

I am so happy to share my experiences with you. Each of us has the power to imagine and to dream. All the challenges and opportunities that lie at your feet help you discover who you are in a way that's only possible on the road. Travel makes you grow. You'll discover as much about yourself as you do about the world - your confidence will grow, and you'll realize how capable you are of taking charge and getting out into the world. You might even discover something you're truly passionate about and take your life in an entirely new direction.

We all have our own picture of what a place called "HOME" would look like, and the one thing we would all expect to find there is LOVE. That's what my book is intended to discover - a world in which we all would like to live.

Home is where love is, so fill it up with as much heart as you can and let it spread outward until other people can see and feel it! Explore each beautiful page and be inspired to dream bigger and approach the world with a heart wide open.

Put your sitùcka on and let's travel together to Equatorial Guinea!

¡Hola!

Estoy muy contenta de poder compartir mis experiencias contigo. Cada uno de nosotros tiene el poder de imaginar y soñar. Todos los desafíos y oportunidades que tienes a tus pies te ayudan a descubrir quién eres de una manera que solo es posible viajando. Viajar te hace crecer. Descubrirás muchas cosas sobre ti y sobre el mundo. Ganarás más confianza en ti mismo y te darás cuenta de lo capaz que eres de tomar las riendas y enfrentarte al mundo. Incluso podrías descubrir algo que realmente te apasione y llevar tu vida en una dirección completamente nueva.

Cuando escuchamos la palabra HOGAR, cada uno de nosotros piensa en un lugar diferente, pero lo que todos esperaríamos encontrar allí es AMOR. Eso es lo que pretendo explorar en mi libro: un mundo en el que a todos nos gustaría vivir.

El hogar es el lugar donde el amor florece, así que llénalo de mucho cariño y deja que se propague hasta que todos puedan verlo y sentirlo. Explora cada página de este libro e inspírate para soñar a lo grande y salir a ver el mundo con el corazón abierto.

¡Coge tu sitùcka y viajemos juntos a Guinea Ecuatorial!

Milondo

The day was bright and sunny, filled with soft green grass.

Perfect weather made it the most amazing time of the year. In the middle of that wonderful landscape, in the warmth of the sunshine, Mimi sat under a ceiba tree.

"It's beautiful here!" she exclaimed.

Era un día muy soleado y había mucha hierba verde suave.

El buen tiempo convertía esa época en la más increíble del año. En medio de ese maravilloso paisaje, al calor del sol, Mimi se sentó bajo una ceiba.

—¡Qué bonito todo! —exclamó ella.

Mimi and her family had just moved to Equatorial Guinea. Their new home was a country in Africa made of islands and a mainland. Mimi was a creative girl with a positive outlook on life. She could hardly wait to make new friends.

Luckily, she soon met her neighbor, Bioko. He was a kind boy who happened to be the same age as Mimi. They played for a while in his big green home. "Finally! A friend to have fun with instead of those boring adults!" she said with a giggle.

Mimi y su familia acababan de mudarse a Guinea Ecuatorial.
Su nuevo hogar era un país de África formado por islas y un
territorio continental. Mimi era una chica creativa con una visión
positiva de la vida. Estaba siempre deseando hacer nuevos
amigos.

Por suerte, pronto conoció a Bioko, su vecino. Era un chico amable
que tenía la misma edad que Mimi. Jugaron un rato en su gran
casa verde.

—¡Por fin! ¡Un amigo con quien divertirme en vez de estos adultos
aburridos! —dijo ella entre risas.

"I'll take you on a tour today," Bioko promised. "Our island, also named Bioko, is shaped just like my boot," he laughed, tapping his foot.

—Hoy vamos a hacer
un tour —dijo Bioko—.
Nuestra isla, que se
llama también Bioko,
tiene la misma forma
que mi bota —dijo
riéndose mientras
daba golpes con el pie.

To start their adventure, Bioko gave Mimi a beautiful welcoming gift. "This is a traditional sitùcka basket, 'nkueñ' in fang language," he told her. "It's handwoven from the stem of a palm branch."

Inside, Mimi found the most beautiful sandals she had ever seen. "How did your family know I love orange? This is like magic!" she exclaimed.

"Yes, these plastic sandals are a local creation called bikai, said Bioko. "My mom thought you would love them!"

"Yes! Yes, I do!" Mimi said with a smile. She eagerly moved her boring old shoes to the side.

Para empezar su aventura, Bioko le dio a Mimi un bonito regalo de bienvenida.

—Esta es una cesta tradicional llamada sitùcka, «nkueñ» en el idioma fang —le dijo—. Está hecha del tallo de una rama de palmera y fue tejida a mano.

Dentro, Mimi encontró las sandalias más bonitas que jamás había visto.

—¿Cómo supo tu familia que me encanta el color naranja? ¡Es como magia! —exclamó.

—Sí, estas sandalias de plástico trevincas también son tradicionales y se llaman bikai —dijo Bioko—. ¡Mi mamá pensó que te gustarían!

—¡Sí! ¡Me encantan! —dijo Mimi con una sonrisa mientras empujaba entusiasmada sus antiguos zapatos a un lado.

She couldn't wait to see how they looked to others, so she rushed to find the closest mirror. Bioko struggled to keep up, looking like a snail in comparison.

Mimi gazed at her feet. "I think my bikai sandals look

GREAT!" she exclaimed. "Now let's explore Equatorial Guinea!"

Estaba deseando ver cómo le quedaban, así que se fue corriendo al espejo. Bioko intentó seguirle el ritmo, pero parecía un caracol a su lado. Mimi se miró los pies.

—¡Estás sandalias son **PRECIOSAS!** —exclamó ella—. ¡Venga, vamos a explorar Guinea Ecuatorial!

Mimi soon stepped outside in her new shoes. As she and Bioko strolled about, they heard many tweets and chirps. "Mimi, have you seen a bird like that, before?" he asked, pointing.

"No, why?" she answered.

"It's called the Cameroon sunbird. It often pecks at my window!" Bioko joked.

Mimi laughed. "You're funny!"

The bird tweeted, making a musical chirping sound. CHIRP, CHIRP, CHIRP!

"Look at that beautiful bird," Mimi said. "It shines like a rainbow that can sing all day!"

Mimi salió con sus zapatos nuevos. Mientras ella y Bioko paseaban, escucharon muchos gorjeos y chirridos.

—Mimi, ¿habías visto alguna vez un pájaro así? —le preguntó él, señalando.

—No, ¿por qué? —contestó ella.

—Se llama ave sol de Camerún. ¡A menudo picotea mi ventana! —bromeó Bioko.

Mimí se rió.

—¡Eres muy gracioso!

El pájaro gorjeó, emitiendo un chirrido musical. ¡PÍO, PÍO, PÍO!

—Mira qué bonito es ese pájaro —dijo Mimi—. ¡Brilla como un arcoíris que puede cantar todo el día!

Birds flew around them in all directions — north, east, south, and west.

Bioko asked, "Mimi, where should we start? Equatorial Guinea is so much bigger than what you can see from here!"

"Hmm," Mimi said. "How about walking to the city?"

"Okay, let's go!" agreed Bioko. "There's a lot to see."

Mimi picked up the sitùcka basket, saying, "I can't wait!"

"Enjoy the view!" said Bioko.

Los pájaros volaban a su alrededor en todas las direcciones: norte, este, sur y oeste.

—Mimi, ¿por dónde quieres empezar? —le preguntó Bioko—. ¡Guinea Ecuatorial es mucho más grande de lo que se ve desde aquí!

—Mmm —dijo Mimi—. ¿Qué tal si caminamos hasta la ciudad?

—¡De acuerdo, vamos! —asintió Bioko—. Hay mucho que ver.

—¡Estoy deseando verlo todo! —dijo Mimi mientras cogía su sitùcka.

—¡Disfruta de las vistas! —dijo Bioko.

Mimi and Bioko ventured into town but first stopped at the closest neighborhood full of cacao trees. When they reached the middle, they suddenly heard strange noises.

"Oh no! What's happening?!" worried Mimi.

The pair were scared and hid under a cacao tree. Mimi grabbed a cocoa bean to use as a stone, if needed. Then, at that very moment, a huge PANGOLIN appeared before them. Youlouloulou! He looked at them before disappearing into the woods.

"Thank goodness!" Mimi laughed, as they continued on their way.

Mimi y Bioko se aventuraron a explorar la ciudad pero primero se detuvieron en el barrio más cercano lleno de árboles de cacao. Cuando llegaron al centro, de repente escucharon ruidos extraños.

—¡Oh, no! ¡¿Qué está pasando?! —preguntó Mimi preocupada.

Los dos se asustaron y se escondieron debajo de un árbol de cacao. Mimi cogió un grano de cacao para usarlo como piedra, si era necesario. Entonces, en ese mismo momento, un enorme PANGOLÍN apareció ante ellos. ¡Youlouloulou! El pájaro los miró antes de desaparecer en el bosque.

—¡Gracias a Dios! —dijo Mimi riéndose mientras continuaban su camino.

Together, they cut through a gravel pathway, running until they stumbled upon a beautiful place. They were surrounded by towering trees and a cool breeze.

"This is Sampaka," Bioko explained. "It's home to many palm trees."

"How beautiful!" Mimi said. "Sampaka is like a tropical paradise!"

"Yes! Let's breathe, look up, and imagine where these palm trees could take us!" Bioko replied.

Caminaron por un camino de grava y corrieron hasta que encontraron un lugar muy hermoso. Estaban rodeados de árboles altísimos y una brisa fresca.

—Esto es Sampaka —le explicó Bioko—. Aquí crecen muchas palmeras.

—¡Qué bonito! —dijo Mimi—. ¡Sampaka es como un paraíso tropical!

—¡Sí! ¡Respiremos, miremos hacia arriba e imaginemos adónde nos podrían llevar estas palmeras! —dijo Bioko.

22

"But if you thought Sampaka was pretty, just wait until our next stop!" he added. Bioko next led her to Malabo's crown jewel, the charming St. Elizabeth's Cathedral.

"I've never seen anything like it," she exclaimed, "It's magnificent!"

After spending several hours at the Cathedral, Bioko and Mimi were hungry. "Let's go to the Semu Market," Bioko suggested.

They saw so many wonderful things there. Women wore long robes, boys played together, mothers chatted, and girls whispered. Bioko said those girls were engaging in congosá, the local word for gossiping.

"This market is so interesting!" Mimi said, laughing.

Después de pasar varias horas en la Catedral, Bioko y Mimi tenían hambre.

—Vamos al mercado de Semu —propuso Bioko.

Allí vieron muchas cosas maravillosas. Las mujeres vestían túnicas largas, los niños jugaban juntos, las madres charlaban y las niñas susurraban. Bioko le explicó que lo que estaban haciendo esas niñas se llamaba congosá, que en su idioma significaba chismear.

—¡Este mercado es muy interesante! —dijo Mimi riendo.

Mimi and Bioko stopped at a stand with all the fruits of their dreams. Mangos! Pineapples! Oranges! Atanga! And of course, bananas!

The woman at the stand said, "Hello, Bioko!"

Bioko looked surprised. "Miss Asumu? Mbolo!" he said, or 'Hello' in the Fang traditional language.

"Ah, Bioko, nice to see you! How is your mother?" she asked.

"She is fine, thank you." While Bioko pulled out francs for the bananas, Miss Asumu noticed Mimi.

"And who is this pretty girl, here?" she asked.

"My name is Mimi, and I'm new to this country!" she said with pride.

"Well, you definitely have a lot to discover here!" Miss Asumu said.

26

Mimi y Bioko se detuvieron en un puesto en el que encontraron todas las frutas posibles. ¡Mangos! ¡Piñas! ¡Naranjas! ¡Atangas! Y por supuesto, ¡plátanos!

—¡Hola, Bioko! —dijo la mujer del puesto.

Bioko pareció sorprendido.

—¿Señorita Asumu? ¡Mbolo! —dijo Bioko, que significaba "Hola" en fang, el idioma tradicional.

—¡Ah, Bioko, me alegro de verte! ¿Cómo está tu madre? —preguntó ella.

—Está bien, gracias —dijo Bioko mientras sacaba francos para pagar los plátanos. La señorita Asumu miró a Mimi.

—¿Y quién es esta muchacha tan linda? —preguntó.

—¡Me llamó Mimi y acabo de llegar a este país! —dijo ella orgullosa.

—¡Pues definitivamente aquí hay muchas cosas que descubrir! —dijo la señorita Asumu.

Mimi and Bioko thanked Miss Asumu in six different ways before leaving Semu Market with smiles and happy tummies.

Mimi y Bioko le dieron las gracias a la señorita Asumu de seis maneras diferentes antes de irse del mercado de Semu sonriendo y con los estómagos contentos.

After leaving the market, Mimi and Bioko walked to La Casa Verde, a colonial house. It was in the heart of Malabo, and the house looked like an historical treasure chest. The framing on the ceiling was like an elegant face. Mimi and Bioko were surprised by the antiques, precious wood carvings, and ancient valuables. They enjoyed every corner of the house.

Después de salir del mercado, Mimi y Bioko caminaron hasta La Casa Verde, una casa colonial. Esta se encontraba en el corazón de Malabo y parecía un cofre del tesoro histórico. El marco del techo parecía un rostro elegante. Mimi y Bioko quedaron sorprendidos por las antigüedades, las preciosas tallas de madera y los objetos de valor antiguos. Disfrutaron de cada rincón de la casa.

Bioko asked Mimi, "Do you want to see more?"

"Yes, yes, and yes!" she exclaimed.

Bioko and Mimi took a local taxi that delivered them to the highest point of the island.

—¿Quieres ver más? —le preguntó Bioko a Mimi.
—¡Sí, sí, y sí! —exclamó ella.
Bioko y Mimi cogieron un taxi que los llevó al punto más alto de la isla.

Mimi was amazed by the forest's beauty. "Green, how I love you!"
Bioko asked, "What more can we ask for?"
Mimi replied, "Even more trees and plants!"

A Mimi le asombró la belleza del bosque.
—¡Me gusta tanto el verde!
—¿Qué más podríamos pedir? —preguntó Bioko.
—¡Aún más árboles y plantas! —respondió Mimi.

As they walked through the forest, a breeze of cool, fresh air greeted them.

"Ah, oxygen! How I can't live without you!"

Mientras caminaban por el bosque, una brisa de aire fresco los envolvió.

—¡Ah, oxígeno! ¡No puedo vivir sin ti!

As they continued their tour, they came across a big road. "Do you know where we are?" Bioko asked. Mimi shook her head.

"We're climbing the Pico Basile!" Bioko said. "It may look like just a big triangle. But this is our beauty, our treasure! It's our peak, our prism!"

A medida que continuaron su recorrido, encontraron un gran camino.

—¿Sabes dónde estamos? —preguntó Bioko. Mimí negó con la cabeza.

—¡Estamos subiendo al Pico Basilé! —dijo Bioko—. Puede que parezca una simple montaña grande, ¡pero estamos muy orgullosos de ella! ¡Es nuestra cumbre, nuestro prisma!

On their way to the top, the sky shimmered with light. The beautiful Virgin Bisila appeared.

"Nuestra Señora de Bisila is the patron saint of the island," said Bioko.

En el camino hacia la cima, el cielo se iluminó. La bonita Virgen de Bisila apareció.

—Nuestra Señora de Bisila es la patrona de la isla —dijo Bioko.

As they began traveling back down the hill, they heard a sudden noise behind them. The two turned to face what they feared might be a scary beast. But all they found was a drill monkey munching on a banana.

"It's best now to get going," Bioko said with caution. "I know the exact place."

A medida que empezaron a descender la colina, oyeron un ruido repentino detrás de ellos. Los dos se dieron la vuelta preparados para enfrentarse a cualquier bestia aterradora. Pero lo único que vieron fue un mono masticando un plátano.

—Será mejor que nos vayamos ahora —dijo Bioko con precaución—. Conozco el sitio perfecto.

After a long day, Bioko led Mimi to the shores of Arena Blanca Beach. At low tide, they rested near volcanic stones!

Después de un largo día, Bioko llevó a Mimi a las orillas de la playa Arena Blanca. ¡Descansaron un poco cerca de las piedras volcánicas durante la marea baja!

As they enjoyed the breeze, the waterfall whispered stories in their ears. Mimi and Bioko jumped into the water.

Mientras disfrutaban de la brisa, la cascada les susurraba historias al oído. Mimi y Bioko saltaron al agua.

SPLASH!
¡CHOF!
SPLASH!
¡CHOF!
SPLASH!
¡CHOF!

Suddenly, they saw something GIGANTIC coming out of the water.

De repente, vieron algo GIGANTESCO saliendo del agua.

It was a giant green sea turtle making its way onto the shore!

¡Era una tortuga marina verde gigante que se abría paso hacia la orilla!

As the turtle stared at them, Bioko looked rather scared. But Mimi said, "Aww, can we keep it?"

Bioko explained, "No, they're meant for the ocean. I think the best thing we can do is help him back to the water."

Mientras la tortuga los miraba fijamente, Bioko parecía bastante asustado. Pero Mimi dijo:

—Ohh, ¿podemos quedárnosla?

—No, deben estar en el océano —explicó Bioko—. Creo que lo mejor que podemos hacer es ayudarla a volver al agua.

So they carried the turtle back into the waves and said goodbye. Then they continued their journey.

Así que llevaron a la tortuga de vuelta al agua y se despidieron de ella. Luego continuaron su viaje.

As the day turned into night, Bioko told Mimi, "We should probably go back home now."

With their adventure coming to a close, they walked home as the streetlights brightened the growing darkness around the colorful houses.

Mimi said, "Our day might be over, but it has left us with such a BEAUTIFUL sunset! Thank you for showing me your country, Bioko."

Se estaba haciendo de noche, así que Bioko le dijo a Mimi:

—Probablemente deberíamos volver a casa ahora.

Su aventura estaba llegando a su fin y caminaron a casa mientras las farolas iluminaban la oscuridad alrededor de las coloridas casas.

¡Nuestro día puede que haya terminado, pero nos ha dejado una puesta de sol tan BONITA! Gracias por mostrarme tu país, Bioko —dijo Mimi.

When Mimi got home, she opened her sitùcka to find the souvenirs she collected throughout the day. She had a bird feather, a ripe cocoa bean, a banana peel, a fresh green palm leaf, and a seashell to hear the ocean.

Cuando Mimi llegó a casa, abrió su sitùcka y encontró los recuerdos que había coleccionado a lo largo del día. Tenía una pluma de pájaro, un grano de cacao maduro, una cáscara de plátano, una hoja de palmera verde y fresca y una concha para escuchar el océano.

a bird feather

pluma de
pájaro

a banana peel

una cáscara
de plátano

a fresh green palm leaf

una hoja de palmera verde y fresca

a ripe cocoa bean

un grano de cacao maduro

seashell to hear the ocean

una concha para escuchar el océano

However, she realized the true treasures were the memories she had made. Mimi remembered the pecking sunbird, the sound of the pangolin, Miss Asumu and her fruits (yum!), the big green sea turtle, and the beauty of Sampaka's lush palm trees.

Mimi loved her new home. Her boredom was gone. And she did not simply say, "I like Equatorial Guinea." She said,

Sin embargo, se dio cuenta de que los verdaderos tesoros eran los recuerdos que había creado. Mimi recordó el pájaro sol picoteando, el sonido del pangolín, la señorita Asumu y sus frutas (immm!), la gran tortuga marina verde y la belleza de las exuberantes palmeras de Sampaka.

A Mimi le encantaba su nuevo hogar. Ya no estaba aburrida.

Y no dijo simplemente:

—Me gusta Guinea Ecuatorial. —Dijo:

EQUATORIAL GUINEA!
GUINEA ECUATORIAL!

The **Flag** of the Republic of Equatorial Guinea

La **Bandera** de la República de Guinea Ecuatorial

Rich jungle

Selva rica

Peace

Paz

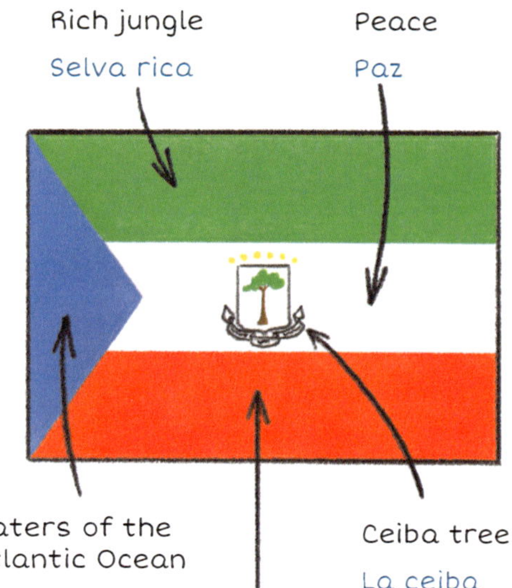

Waters of the Atlantic Ocean

Aguas del Océano Atlántico

Blood of the martyrs who fought for Independence

Sangre de los mártires que lucharon por la independencia

Ceiba tree

La ceiba

Equatorial Guinea is one of the main habitats of the **sea turtle**

Guinea Ecuatorial es uno de los principales hábitats de la **tortuga marina**

Silk-cotton tree, **ceiba**, is the national symbol of Equatorial Guinea

El árbol de algodón de seda, la **ceiba**, es el símbolo nacional de Guinea Ecuatorial

up to 240 ft (73 m)

hasta 240 pies (73 m)

Malabo is the capital of Equatorial Guinea

Malabo es la capital de Guinea Ecuatorial

Bata is the administrative capital on the mainland of the country

Bata es la capital administrativa y se encuentra en el área continental del país

Bambucha is a very popular dish in Equatorial Guinea. This dish is a simple mix of cassava leaves and palm oil and is eaten alongside taro, corn, and cassava. Optionally, you can add sugar.

La **bambucha** es muy popular en Guinea Ecuatorial. Este plato es una mezcla simple de hojas de yuca y aceite de palma y se come junto con taro, maíz y yuca. Opcionalmente, se puede añadir azúcar al gusto.

Soccer is the most popular sport in Equatorial Guinea. The National football team is called Nzalang Nacional (National Thunder).

El **fútbol** es el deporte más popular en Guinea Ecuatorial. La selección nacional de fútbol se llama Nzalang Nacional. (Rayo Nacional) "trueno" Nacional en el idioma local fang.

Spanish, French, and Portuguese are the **official languages** of Equatorial Guinea. It is the only country in Africa that has Spanish as its official language.

El español, el francés y el portugués son los **idiomas oficiales** de Guinea Ecuatorial. Es el único país de África que tiene el español como lengua oficial.

The **Monte Alén National Park**, located in the continental region, is a tropical forest where gorillas, leopards, chimpanzees, elephants and crocodiles among other animals live.

El **Parque Nacional Monte Alén**, situado en la región continental, es un bosque tropical en el que viven gorilas, leopardos, chimpancés, elefantes y cocodrilos entre otros animales.

Equatorial Guinea consists of separate regions—an **insular and a mainland**

Guinea Ecuatorial se divide entre un **área continental y otra área insular**

The **islands** of Equatorial Guinea are Bioko, Corisco, Great Elobey, Small Elobey, and Annobón

Las **islas** de Guinea Ecuatorial son Bioko, Corisco, Elobey Grande, Elobey Chico y Annobón

Continental Equatorial Guinea is also known as Río Muni

Guinea Ecuatorial continental también es conocida como Río Muni

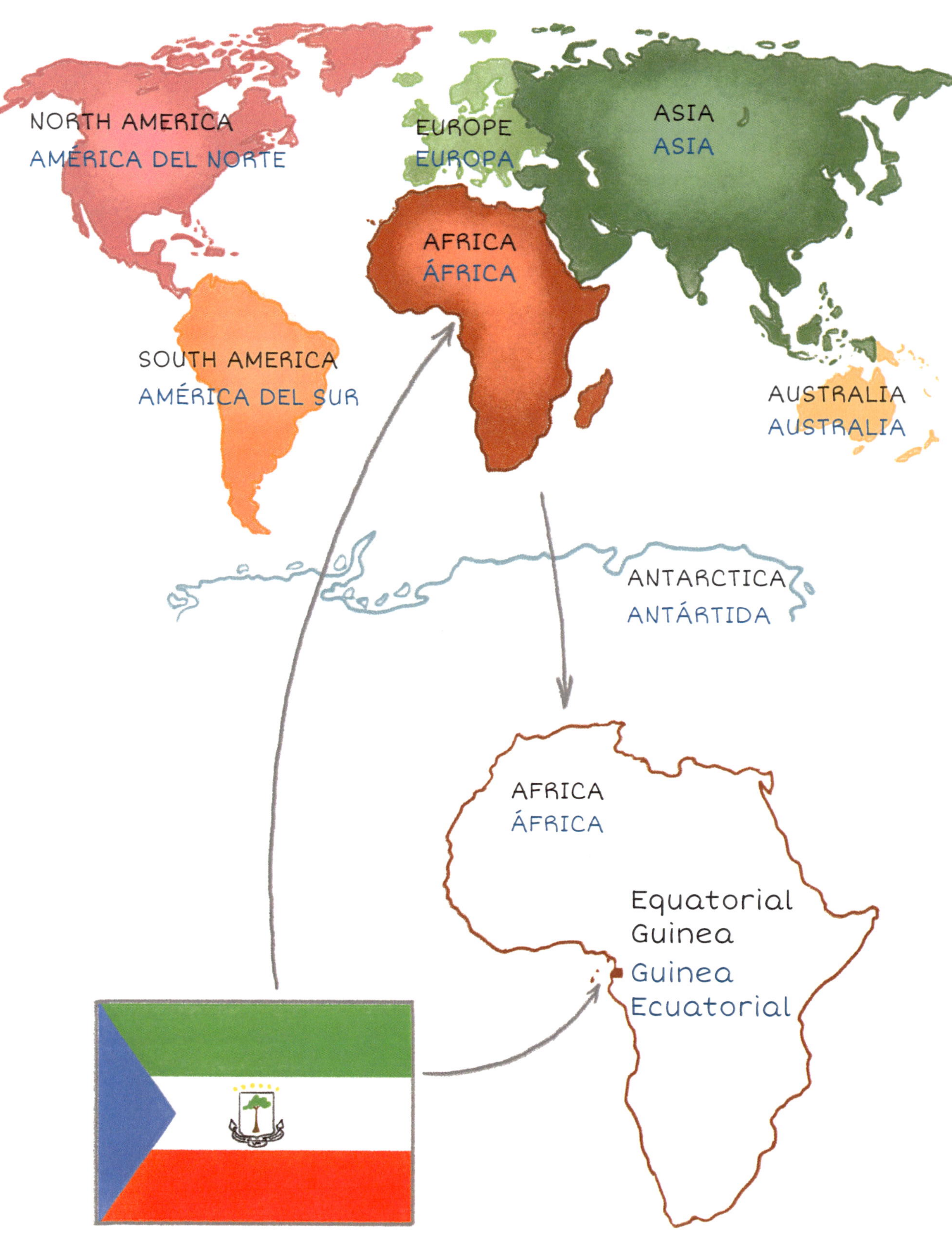

NORTH AMERICA
AMÉRICA DEL NORTE
EUROPE
EUROPA
ASIA
ASIA
AFRICA
ÁFRICA
SOUTH AMERICA
AMÉRICA DEL SUR
AUSTRALIA
AUSTRALIA
ANTARCTICA
ANTÁRTIDA
AFRICA
ÁFRICA
Equatorial Guinea
Guinea Ecuatorial

Sampaka
Sampaka
Cathedral of Malabo
Catedral de Malabo
Semu market
Mercado de Semu
Malabo
Pico Basile
Luba
Riaba
Bioko
Pico Basile
Pico Basile
Atlantic Ocean
Océano Atlántico
Equatorial Guinea
Guinea Ecuatorial
Ebebiyin
Bata
Río Muni
Región Continental
Mongomo
Mbini
Evinayong
Annobón
Elobey
Corisco

For other activities on Equatorial Guinea, please find "Buenos Días Guinea Ecuatorial, Cuaderno de actividades" by Milondo Kabamba, on sale on Amazon.

Para otras actividades sobre Guinea Ecuatorial, encuentre "Buenos Días Guinea Ecuatorial, Cuaderno de actividades" de Milondo Kabamba, a la venta en Amazon.

MILONDO KABAMBA

Milondo is a dedicated and passionate educator with over a decade of experience in the field of education, working as a teacher, a formator, a community service advisor, a school principal of an international school in Malabo in Equatorial Guinea, she is known as a formidable leader.

Holding a Bachelor of Arts and Science in French language from Florida International University and a Master degree in Special Education from Walden University. Milondo has successfully nurtured the intellectual and personal development of countless individuals.

Daughter of a diplomat, Milondo loved to travel as a child. Milondo grew up in the Democratic Republic of Congo but also count places like Niger, Togo, Mozambique, Belgium, Equatorial Guinea and Miami as her home. She was able to move from place to place and see the world, and she loved seeing how happy people were when they got to unwind in the right place. Her belief is: "You won't find your future following someone else's roadmap...yours is unique."

As a lifelong learner herself, she created "Educate by Milondo" where she actively seeks professional development opportunities to stay abreast of the latest educational trends and methodologies. Fonds of her Congolese heritage, she loves to speak Lingala!

MILONDO KABAMBA

Milondo es una educadora dedicada y apasionada con más de una década de experiencia en el campo de la educación, trabajando como maestra, formadora, asesora de servicio comunitario y directora de una escuela internacional en Malabo, Guinea Ecuatorial, es conocida como una líder formidable.

Tiene una Licenciatura en Artes y Ciencias en lengua francesa de la Universidad Internacional de Florida y una Maestría en Educación Especial de la Universidad Walden. Milondo ha fomentado con éxito el desarrollo intelectual y personal de innumerables personas.

Hija de un diplomático, a Milondo le encantaba viajar cuando era niña. Milondo creció en la República Democrática del Congo, pero también cuenta con lugares como Níger, Togo, Mozambique, Bélgica, Guinea Ecuatorial y Miami como su hogar. Podía moverse de un lugar a otro y ver el mundo, y le encantaba ver lo felices que eran las personas cuando podían relajarse en el lugar correcto. Su creencia es: "No encontrarás tu futuro siguiendo la hoja de ruta de otra persona... el tuyo es único".

Al ser una persona de formación continua, creó "Educate by Milondo", donde busca activamente oportunidades de desarrollo profesional para mantenerse al tanto de las últimas tendencias y metodologías educativas. Aficionada a su herencia congoleña, ile encanta hablar lingala!

Milondo Kabamba Author
Instagram

milondokabambaauthor@gmail.com